LE
GUET-APENS

dans lequel succomba

VICTOR NOIR

Prix : **50** centimes

PARIS

CHEZ E. CHATELAIN ET Cie

13, rue du Croissant.

1870

LE GUET-APENS

dans lequel succomba

VICTOR NOIR

Victor Noir!... Pauvre victime de mauvaises fréquentations, de mauvais conseils!.....

Nous serons sobres de regrets sur le sort de ce malheureux jeune homme si impitoyablement sacrifié.

Ne semble-t-il pas que, eu égard à son jeune âge et à son peu d'expérience, c'était le dernier de tous ceux avec lesquels il vivait en communauté d'idées qu'on eût dû désigner pour remplir la mission dans l'accomplissement de laquelle il devait trouver la mort?

Mais, nous le répétons, nous serons sobres de regrets, notre but n'étant pas d'irriter l'ombre de cet enfant contre le mauvais génie qui devait si fatalement le pousser à sa perte.

Nous passons donc aux faits.

Chacun se rappellera sans doute la singulière façon dont le sieur de Fonvielle expliqua comment il se trouvait nanti d'un pistolet chargé en se rendant chez le prince Pierre.

« Cette arme ne me quitte jamais, non plus que la canne à épée trouvée chez le Prince, » répondit-il au magistrat qui lui faisait remarquer la gravité du fait.

Que deviennent, en présence d'une semblable déclaration, les protestations tapageuses des hommes de *la Marseillaise* contre ce fait que le Prince se trouvait armé, chez lui, au moment où ils s'y présentaient?

Eh! quoi, dirons-nous, dans le but de prouver que vous ne vous êtes pas armé uniquement pour venir chez le Prince, vous affirmez que cet état d'armement est permanent chez vous!

Absolument comme un héros d'opéra comique, ou comme un vrai brigand. Lequel des deux?

Mais pourquoi, alors, refusez-vous aux autres la même faculté?

Pourquoi jetez-vous les hauts cris parce que vous trouvez un homme qui, chez lui, a cru prudent de se tenir prêt à tout événement contre des hommes comme vous.

Singulière façon de pratiquer les principes d'é-galité dont vous prétendez être les propagateurs!

Ainsi, c'est convenu, vous avez le droit, vous et toute la bande de la *Marseillaise*, de sortir bardés de fer et de plomb, et vous contestez à tout autre fut-il prince, le droit d'être armé, même chez lui.

Mais, dites-nous donc, vous qui vous étonnez tant qu'on soit armé chez soi, est-ce que, quand vous rentrez à votre domicile, vous déposez chez votre concierge les armes que vous déclarez ne jamais vous quitter ? Il est à présumer que non et que, par précaution et de peur de les oublier en ressortant, ces armes que vous avouez toujours porter, il est à présumer, disons-nous, que vous avez soin de les laisser dans vos poches d'où vous ne manqueriez pas de les extraire si l'on venait vous attaquer chez vous.

Croyez-vous donc que cette habitude contractée par vous de ne sortir qu'en armes n'est pas connue d'un grand nombre de personnes ?

Croyez-vous donc qu'on ignore que tous les membres de la bande provocative dont vous faites partie, ne sortent jamais que munis de révolvers, de poignards et de cannes à épée ?

Croyez-vous enfin qu'il est prudent, quand on attend un membre quelconque de cette bande, croyez-vous qu'il est prudent de ne pas se tenir sur ses gardes ?

Il est vrai que, pour cause, vous et les vôtres ne portez jamais ces armes que cachées; mais que cette cause vienne à disparaître et l'on vous verrait bientôt, panoplies vivantes, arsenaux ambulants et nouveaux Don Quichottes, parcourir les rues en criant « aux armes! » détacher de votre plastron et de votre ceinture révolvers, sabres, poignards et épées, pour les distribuer à vos complices absolument comme le marchand ambulant de tire-bouchons, de vrilles et de lardoires distribue sa marchandise dans la rue à ses pratiquse.

Puis, comme cette distribution serait insuffisante, on vous verrait ensuite présider au pillage des boutiques d'armuriers.

Ah ! si nous l'étions nous, armurier, quel bon tour nous vous jouerions !

Nous fabriquerions ou ferions fabriquer une machine que nous braquerions dans notre montre, de manière à foudroyer, fussent-ils des milliers, tous ceux qui tenteraient de violer notre domicile. Seulement nous préviendrions les mal-intentionnés par un avis conçu à peu près en ces termes :

Machine infernale devant faire explosion d'une manière formidable à l'extérieur, à la première tentative d'effraction, exercée sur la porte ou sur la devanture.

Enfin, il vous reste un dernier moyen pour vous armer vous et vos partisans et les partisans d'autres feuilles ne valant guère mieux que la vôtre, ô hommes de la *Marseillaise !* et ce moyen c'est le pétitionnement pour la réorganisation de la garde nationale.

En effet, tout ce beau monde-là, ou plutôt tout ce vilain monde-là doit se dire : L'idée est bonne ; par la réorganisation de la garde nationale nous aurions des armes ; pétitionnons donc, et quand nous aurons des armes nous verrons bien !

Que le gouvernement et les gens d'ordre se rappellent l'usage que tout ce monde-là fit des armes qu'il avait le droit de porter en 48, et s'ils veulent éviter le renouvellement de pareilles attaques, de semblables désastres, qu'ils s'opposent énergiquement à l'armement, sous prétexte de garde nationale, de tant de gens dangereux.

Armez donc les électeurs de Rochefort, et vous en verrez bientôt la moitié tirer sur l'autre moitié et sur tout le reste de la population.

Oh ! que cet homme-là a bien su choisir son monde, et qu'un tel chef est bien digne de tels soldats !

Mais nous ne voulons pas pousser plus loin cette digression déjà trop longue et nous revenons à notre principal sujet.

C'était Rochefort, ont dit les hommes de *la Marseillaise*, que le Prince attendait, c'était à lui qu'était réservé le coup qui a foudroyé Victor Noir ; c'était Rochefort, enfin, selon ces mêmes hommes, que le Prince voulait *assssassiiner*.

Il faut qu'une cause soit bien désespérée pour que ceux qui la défendent ne puissent le faire qu'à l'aide de semblables arguments.

Quoi, c'était Rochefort, vous l'affirmez vous-mêmes, avec une maladroite insistance, c'était Rochefort que le Prince attendait !

Quoi, vous, les duellistes de profession, les bretteurs par excellence, vous n'avez pas honte de proférer une semblable absurdité et d'essayer de la faire accepter par vos lecteurs ? mais pour qui donc les prenez-vous ces lecteurs !

Mais le plus ignorant en matière de duel, sait parfaitement que celui qui reçoit un cartel ne va pas lui-même porter sa réponse ; et quand vous venez dire que le Prince attendait Rochefort après l'avoir provoqué, vous donnez la mesure des sentiments qui vous animent et vous affirmez de la manière la plus flagrante que la plus insigne mauvaise foi préside à vos déclarations, à vos dépositions.

Non, nul ne croira que vous avez jamais pu penser un instant que le Prince pouvait attendre Rochefort.

Et vous osez venir ensuite nous parler de serment ; et vous avez l'impudence de répéter ce serment sur la tombe de votre victime ! car Victor, ce n'est pas la victime du Prince, c'est la vôtre, ainsi que nous allons bientôt le démontrer.

Mais voyons d'abord le guet-apens.

Selon les hommes de *la Marseillaise*, c'est lui, Victor, qui est tombé dans un guet-apens, lequel était destiné à Rochefort. C'est là une infernale insinuation dont nous venons de démontrer l'absurdité.

Ce qu'il importe de démontrer maintenant, c'est que la vraie victime d'un guet-apens c'est le Prince lui-même ; c'est que les auteurs de ce guet-apens sont les hommes de *la Marseillaise* eux-mêmes.

Le jour où ils ont cru pouvoir jeter le masque, ces hommes-là ont prophétisé la chûte du gouvernement ; ils l'ont affirmée et annoncée comme inévitable, comme prochaine, ne dissimulant pas d'ailleurs que leur concours était acquis d'avance à toute entreprise pouvant hâter cette chûte, pouvant la précipiter.

Cependant des hommes de cette trempe-là ne pouvaient pas attendre longtemps la réalisation d'une circonstance favorable à leurs espérances, et, cette circonstance ne se présentant pas assez vite à leur gré, ils durent songer à la faire naître, à la provoquer, ils durent enfin se réunir et, dans un conseil diabolique, se tenir à peu près ce langage :

Le prince Pierre est un homme très-irascible.

D'un autre côté, nous avons sous la main un garçon d'une nature bouillante et des plus impétueuses.

Si, par une combinaison quelconque, nous arrivions à mettre ces deux hommes en présence, indubitablement ils en viendraient vite à des voies de fait, et les voies de fait voilà notre affaire, à nous.

Et bientôt l'on vit l'injure et la calomnie pleuvoir, tant dans *la Marseillaise* que dans ses satellites, contre la dynastie napoléonienne en général, et contre le prince Pierre en particulier.

Alors, Son Altesse croyant ne pouvoir se dispenser de répondre, le fit sur le même ton, c'est-à-dire, avec accompagnement d'épithètes, sinon des mieux choisies, du moins parfaitement appliquées à ceux auxquels elles étaient destinées, c'était là ce que les hommes de *la Marseillaise* attendaient.

Le conseil diabolique s'assembla alors de nouveau et il y fut décidé qu'on enverrait, au nom d'un sieur Grousset, deux témoins demander au prince Pierre réparation par les armes. On sait que de Fonvielle et Victor Noir furent chargés de cette mission.

Puis, à quelques minutes de ces deux témoins, s'avanceraient le sieur Grousset lui-même avec un autre accolyte dont le nom nous échappe — un sieur Sauton, peut-être.

Et enfin, derrière ces derniers et également à quelques minutes seulement, suivraient les sieurs Arnoult et Millière, tous faisant partie de la bande *la Marseillaise.*

Arrivés à Auteuil, les deux premiers devraient
monter chez le Prince. Le malheureux Victor, indubitablement chargé par le conseil sus-qualifié
de porter la parole et surtout de boucher un œil
(style de *la Marseillaise*) surtout, disons-nous, de
boucher un œil au Prince, au premier mot mal-
sonnant que celui-ci ne manquerait pas de proférer, y étant provoqué, le malheureux Victor
devait ainsi commencer l'attaque.

Alors, et toujours d'après les prévisions du
même conseil, les domestiques ne pourraient man-
quer d'accourir au bruit de ce commencement de
lutte et de tomber sur les témoins de Grousset qui
eussent alors battu en retraite en criant : « au
meurtre ! à l'assassin ! »

C'est alors aussi que seraient accourus les deux
hommes de réserve Grousset et Sauton pour ren-
forcer les deux témoins et continuer la lutte en
attendant la dernière réserve, c'est-à-dire les
sieurs Arnould et Millière qui devraient se lancer
dans la mêlée et hurler avec les autres : « au
meurtre ! à l'assassin ! »

Que serait-il advenu de cette mêlée, si les cho-
ses s'étaient passées comme le conseil infernal
avait dû le prévoir, comme il devait espérer
qu'elles se passeraient ?

Il serait advenu ceci :

Les envahisseurs de la maison du Prince devant
être supérieurs en nombre, ils le savaient d'avance,
au personnel de cette maison sur lequel ces hommes-là eussent braqué leurs armes, et, qu'on le
croie bien, ils étaient tous armés jusqu'aux dents;
les envahisseurs disons-nous, aidés de quelqnes
voyoux, envoyés par eux et intervenant là comme
par hasard, eussent essayé de faire main-basse sur

le personnel du Prince et sur le Prince lui-même qu'ils auraient ensuite livrés à la populace sur laquelle ils espéraient que S. A. exercerait des représailles les armes à la main.

La lutte ainsi engagée, ou plutôt l'émeute ainsi commencée, c'était là l'affaire des envahisseurs dont les mesures devaient être prises pour qu'elle se compliquât.

Voilà ou était le guet-apens, et il n'était que là.

Nous insistons à dire que les six hommes de *la Marseillaise* présents à Auteuil devaient être armés jusqu'aux dents.

Que Monsieur le Commissaire de Police ayant instrumenté au premier moment n'ait pas fouillé le cadavre de Victor Noir, cela se comprend.

Le sieur de Fonvielle étant pris en flagrant délit de port d'armes, cette mesure pouvait paraître inutile à son égard.

Mais à l'égard des quatre autres personnages, il est à regretter que M. le Commissaire n'ait pas songé qu'ils devaient également porter des armes, et ils en portaient, telle est notre conviction.

Croira-t-on maintenant que la Victime la seule Victime, et c'est déjà trop d'une, du guet-apens d'Auteuil fut seule sans être armée ?

Mais si les compagnons de Victor affirmaient cela, eux qui l'étaient armés, ce serait convenir que réellement ils voulaient qu'il fût tué sans pouvoir se défendre, ce serait ne pas laisser douter que non-seulement ils savaient l'exposer à être sacrifié en l'envoyant à Auteuil, mais qu'encore ils avaient besoin qu'il fut sacrifié.

Quelle preuve plus convaincante de l'intention où étaient les envahisseurs de faire des prisonniers, d'arracher le Prince de chez lui, que l'insistance que, de leur propre aveu, les sieurs Arnould et Millière ont mise pour aller s'emparer de S. A., empêchés qu'ils en ont été, ajoutent-ils, par la foule !

Et pourtant il y avait là un cadavre !

Vous croyez peut-être, lecteur, que sa présence aurait dû détourner ces hommes de l'accomplissement de leurs projets? Erreur ! ils étaient venus là, ces hommes, avec la volonté d'emmener des prisonniers et ils passaient sur le cadavre pour aller les saisir.

Il reste à examiner maintenant si le Prince a été ou non provoqué ; s'il a, ou non, agi dans le cas de légitime défense.

Tout porte à faire adopter cette dernière hypothèse.

En effet, la déclaration de S. A., écrite au sortir de la lutte et sous l'impression de l'émotion profonde qu'elle devait éprouver par suite de ce qui venait de se passer, ne saurait être soupçonnée de fausseté.

Si S. A. avait voulu recourir à une déclaration mensongère, elle en avait une sous la main qui eût été d'un bien autre poids :

Le Prince n'avait qu'à déclarer que Victor Noir était porteur de l'arme trouvée aux mains de de Fonvielle et dont ce dernier ne s'était emparé que lorsqu'elle fut tombée des mains de Victor frappé par suite du violent outrage infligé par lui et qu'aucun homme ne saurait recevoir sans être exposé à perdre la tête.

Mais non, S. A. n'a pas voulu faire une semblable déclaration qui, bien que mensongère, eut cependant eu toutes les apparences de la vraisemblance.

Le Prince a préféré rester dans la vérité et il a

eu raison. Sa déclaration qu'il se trouvait dans le cas de légitime défense, et qu'il n'a fait que riposter, n'en aura que plus de poids dans l'esprit du jury.

Quant aux déclarations de de Fonvielle, chacun sait le cas qu'on doit faire des déclarations et des serments de gens qui doivent avant tout songer à leur peau, et c'est là le cas de de Fonvielle qui ne pouvait convenir du soufflet donné au Prince sans s'exposer à se voir accusé comme complice de voies de fait exercées avec préméditation et à domicile.

On concevra que de Fonvielle se soit bien gardé de faire un semblable aveu qui eut fait la part si belle au prince ; car alors ce qui est demeuré à l'état de forte présomption dans l'esprit du public, en présence des affirmations contraires des deux seules personnes ayant assisté au drame, deviendrait trop évidemment démontré.

Non, la parole, les déclarations et les serments de de Fonvielle, intéressé à déguiser la vérité sous peine de passer du rôle d'accusateur, qu'il a l'audace de s'arroger, à celui d'accusé, ne sauraient être d'aucun poids dans la balance de la justice.

D'ailleurs, de Fonvielle appartient à *la Marseillaise* et l'on ne comprend pas que des hommes faisant partie de cette mauvaise clique osent parler de serment, quand le chef de la bande, Rochefort, n'a pas eu honte de déclarer à ses électeurs qu'il prêterait serment comme député, bien qu'il fût résolu d'avance à ne pas tenir ce serment et à le violer, au contraire, à la première occasion.

Oser croire, après cela, que la partie saine du public peut encore ajouter foi aux affirmations de quelque nature qu'elles soient des Rochefort et compagnie, des de Fonvielle et consorts, c'est vraiment faire trop bon marché de la crédulité de ce public, c'est trop se moquer de lui.

Toutes ces déclarations, tous ces serments devaient finir par un blasphème.

C'est ainsi que de Fonvielle a répété, sur la tombe de Victor Noir, que ce dernier *avait été tué froidement, devant ses yeux, sans raison, sans motif, sans provocation de sa part.*

Du reste, ce blasphème n'a fait que succéder à ceux qui s'étaient déjà produits pendant la marche du convoi funèbre de Victor, où l'on vit se passer plusieurs scènes de la nature de celles racontées par un des personnages lui-même, un sieur Flourens, que nous laissons parler :

« Dès que nous approchâmes du char funèbre, les hommes de Pietri se précipitèrent sur nous; ils allaient nous frapper et nous allions abattre à coups de révolver (voilà qui est assez explicite), quelques-uns de ces misérables, quand un grand nombre de nos amis de Belleville et du faubourg Antoine nous rejoignent, effrayent ces lâches et nous aident personnellement à monter sur le siége du char funèbre pour de là dire à la foule que nous allions à Paris. »

« En ce moment Louis Noir, porté sur les épaules de deux citoyens, se retourne et nous apostrophe avec violence; il m'appelle profanateur! »

Nous demanderons maintenant qui des deux profanait le plus les restes de la victime, de celui qui grimpait sur le char pour s'en faire une tribune et mieux faire ressortir sa personnalité qu'il trouvait être trop confondue avec la foule, ou de celui qui, dans le même but, consentait à suivre le corbillard sur les épaules de deux autres assistants,

absolument comme ces mannequins, héros burles-
ques des scènes carnavalesques de nos villages
de Normandie, qu'on porte, ainsi perchés, sur la
place publique pour y être brûlés le mercredi des
Cendres, ce qu'on appelle enterrer le carnaval ?

Enfin Rochefort a voulu, lui aussi, avoir son
épisode marquant aux funérailles de Victor et,
comme une femme nerveuse, il est demeuré un
instant anéanti par une syncope.

En vérité, de la part d'un homme de cette
trempe, c'est à se demander si cet anéantissement
n'était pas tout bonnement une affreuse comédie,
jouée dans le but de détourner à son profit l'at-
tention des assistants, de ce qui se passait entre
les profanateurs dont nous venons de parler.

Ah ! quelle sensibilité ! s'écrient alors les partisans, les amis de Belleville et du faubourg Antoine, dont Flourens vient de nous vanter le
dévouement ; quelle sensibilité !...

Quoi, nous écrierons-nous à notre tour, de la
sensibilité chez Rochefort !... chez Rochefort,
l'homme de la haine, de la violence et de la ven-
geance ! allons donc ! et quelle affreuse bouffon-
nerie.

Du dépit, c'est possible, ah ! oui du dépit, par
suite de la non-réussite de ses projets ; le dépit
porté à son paroxysme et ayant pu occasionner
une irritation fébrile anéantissant momentanément
les facultés de l'individu ; le dépit causé par la
conviction que pas un seul collègue de la Chambre
ne se trouvait là, n'avait répondu à l'appel de
l'avant-veille, à cet appel où l'homme rageur et
impétueux, orgueilleux et insolent, vindicatif et
implacable, se révélait tout entier ; à cet appel
enfin qu'il avait préparé de longue main et sur

lequel il avait tant compté pour la première occasion qui se présenterait de le lancer.

Elle est venue cette occasion, on sait comment, nous l'avons dit plus haut, et c'était le nom de Victor Noir qui devait remplir les blancs laissés dans ce fameux appel ou plutôt dans cette proclamation préparée pour tous les cas possibles, et à laquelle il suffirait d'ajouter ou de supprimer, selon le cas, quelques noms ou quelques mots.

Ce fût ainsi que ce fabricant de monstruosités littéraires compléta la proclamation qui nous occupe par l'addition du nom de Victor et que ce seul nom, faute d'autres, lui servit pour donner le change à l'opinion publique et assumer sur la tête d'un autre la responsabilité d'une mort dont lui seul est coupable.

Oui ; sans Rochefort, Victor vivrait encore ; Victor serait encore au milieu de sa famille, de ses amis, il serait à sa fiancée. C'est Rochefort contre lequel la nature franche et loyale de Victor se fût bientôt indignée ; c'est Rochefort qui a perdu ce malheureux enfant et qui, après quelques mois qu'il l'avait sous la main, l'a poussé dans l'a-bîme.

Oui, enfin, on ne saurait trop le répéter, c'est Rochefort et son entourage qui ont conduit Victor à la mort, après avoir fait de lui une espèce de Croquemitaine et d'épouvantail, une espèce de souteneur de leur feuille au sinistre dévergondage, de leurs plumes éhontées et avilies, réduites à aller mendier leurs adorateurs dans les plus bas fonds de la société.

Et quand on pense que tous ces gens-là ont l'impudence de faire des rapprochements entre ce qu'ils appellent le crime d'Auteuil et *Tropmann*.

Eh ! mon Dieu il est toujours facile de faire des rapprochements, et la preuve, la voilà :

Qu'on suppose que l'un des complices de *Tropmann*, lequel a pu en avoir, ait reçu un mauvais coup de l'un des Kinck se défendant ; qu'on suppose ensuite *Tropmann* se sauvant en criant à l'assassin ! ce dernier eut-il alors été cru sur parole en déclarant que les Kink étaient seuls coupables et qu'ils venaient de tuer son compagnon à lui *Tropmann*, SANS AUCUNE PROVOCATION ?

Pourquoi croirait-on plus de Fonvielle, intéressé à dissimuler la vérité, qu'on aurait cru *Tropmann* faisant une déclaration identique ?

On le voit, un rapprochement est toujours facile à faire et cela ne prouve rien autre chose que l'animosité de celui qui le fait sans nécessité.

Nous terminerons comme nous avons commencé, c'est-à-dire, par la manifestation d'un regret.

Nous exprimerons celui que ce monsieur Rochefort n'ait pas persisté dans la résolution qu'il semblait avoir prise, il y a environ deux ans, de se noyer avec ses enfants, ainsi que cela résulte de révélations faites par lui, révélations qu'il serait trop long de reproduire ici, et qui se trouvent consignées dans une brochure intitulée : *De la nécessité d'un nouveau coup d'Etat* (1).

C'eût été un grand bonheur pour la France et pour l'humanité que cet homme eut persisté dans sa résolution.

(1) Chez Madre, libraire, rue du Croissant, 20.

Paris. — Imp. A.-E. Rochette, boulevard Montparnasse, 72-80.